BEI GRIN MACHT SICH IHR WISSEN BEZAHLT

Werner Flohr

Personalleasing: Eine Einführung

GRIN Verlag

Bibliografische Information der Deutschen Nationalbibliothek:

Die Deutsche Bibliothek verzeichnet diese Publikation in der Deutschen National-
bibliografie; detaillierte bibliografische Daten sind im Internet über http://dnb.d-
nb.de/ abrufbar.

Impressum:

Copyright © 2012 GRIN Verlag GmbH
Druck und Bindung: Books on Demand GmbH, Norderstedt Germany
ISBN: 978-3-656-51159-5

Dieses Buch bei GRIN:

http://www.grin.com/de/e-book/262356/personalleasing-eine-einfuehrung

GRIN - Your knowledge has value

Der GRIN Verlag publiziert seit 1998 wissenschaftliche Arbeiten von Studenten, Hochschullehrern und anderen Akademikern als eBook und gedrucktes Buch. Die Verlagswebsite www.grin.com ist die ideale Plattform zur Veröffentlichung von Hausarbeiten, Abschlussarbeiten, wissenschaftlichen Aufsätzen, Dissertationen und Fachbüchern.

Besuchen Sie uns im Internet:

http://www.grin.com/

http://www.facebook.com/grincom

http://www.twitter.com/grin_com

Werner Flohr

Assignment

Thema:

Personalleasing

Stuttgart, den 21.07.2012

Inhaltsverzeichnis   Seite

1. Einleitung

Das Personalleasing ist mittlerweile ein fester Bestandteil des deutschen Arbeitsmarktes, was 910000 Leiharbeitnehmer in Deutschland im Juni 2011 eindrucksvoll aufzeigen.[1] Obwohl das Prinzip des Personalleasings umstritten ist, liegt es doch im Auge des Betrachters, ob es sich dabei um „modernen Sklavenhandel oder die modernste Form der Arbeit"[2] handelt. Um sich jedoch qualifiziert ein eigenes Bild machen zu können, ist es notwendig, sich mit der Materie auseinander zu setzen. Ziel dieser Arbeit ist daher die Einführung in das Personalleasing. Dazu soll zuerst der Begriff bestimmt werden, anschließend die Funktionsweise kurz erläutert werden und im Anschluss daran die Chancen und Risiken für Arbeitgeber und Arbeitnehmer punktuell betrachtet werden. Dadurch soll die Basis für weitere Recherchen geschaffen werden und eine Meinungsbildung ermöglicht werden.

2. Begriffsbestimmung

Synonym zum Begriff Personalleasing werden auch die Bezeichnungen „Leiharbeit, Arbeitnehmerüberlassung, Zeitarbeit"[3] und „mitunter auch [...] Flexarbeit"[4] in der Literatur benutzt. Beim Personalleasing handelt es sich um „die gewerbsmäßige und zeitlich befristete Überlassung von bei einem Arbeitnehmerüberlassungs- oder Zeitarbeitunternehmen (Verleiher) beschäftigten Arbeitskräften (Leiharbeitnehmer) an andere Unternehmen (Entleiher)"[5]. In der Literatur wird hierbei jedoch noch zwischen echter Leiharbeit und unechter Leiharbeit unterschieden. Bei der echten Leiharbeit sind Arbeitskräfte regelmäßig im verleihenden Unternehmen beschäftigt und

---

[1] Vgl. Bundesagentur für Arbeit: Arbeitsmarktberichterstattung: Der Arbeitsmarkt in Deutschland, Zeitarbeit in Deutschland – Aktuelle Entwicklungen, Nürnberg 2012, S. 4

[2] Vgl. Schwantes, Klaus: Das professionelle 1x1 – Zeitarbeit, 2., aktualisierte Auflage, Berlin 2003, S. 4

[3] Weber, Wolfgang; Mayrhofer, Wolfgang; Nienhüser, Werner; Kabst, Rüdiger: Lexikon Personalwirtschaft, 2., aktualisierte und komplett überarbeitete Auflage, Stuttgart 2005, S. 247

[4] Hansen, Peter; Kanstiger, Wolfram: Zeitarbeit von A – Z: Fachbegriffe, Zusammenhänge, Checklisten, 1. Auflage, München 2001, S. 25

[5] Büdenbender, Ulrich; Strutz, Hans: Gabler Lexikon Personal – Personalwirtschaft, Personalmanagement, Arbeits- und Sozialrecht, Wiesbaden 1996, S. 18

werden nur ausnahmsweise an ein anderes Unternehmen entliehen.[6] Ein denkbares Beispiel hierfür wären die Schweißer eines Herstellers von Fertiggebäuden, die aufgrund eines Engpasses in der Versorgung von vorgefertigten Stahlrahmen bei dem verantwortlichen Zulieferer der Teile bis zur Fertigstellung der nächsten Tranche eingesetzt werden. Der Zulieferer würde dem Fertiggebäudehersteller hierfür ein Entgelt für die erbrachte Leistung bezahlen. Um unechte Leiharbeit handelt es sich, wenn die Arbeitnehmer ausschließlich zum Zweck der Überlassung beschäftigt werden.[7] Im Folgenden soll nur die unechte Zeitarbeit weiter behandelt werden, daher wird auf die explizite Unterscheidung von echter und unechter Zeitarbeit in dieser Arbeit fortan verzichtet.

3. Funktionsweise des Personalleasings

Das Personalleasing „ist durch eine Dreieckbeziehung zwischen Leiharbeitsfirma (Verleiher), Leiharbeitnehmer und dem entleihenden Unternehmen gekennzeichnet."[8] Im Zentrum dieses Dreiecks steht das Arbeitnehmerüberlassungsgesetz (AÜG), das „alle wichtigen Regelungen [...] zur gewerblichen Arbeitnehmerüberlassung"[9] beinhaltet. Ein Unternehmen darf jedoch nur als Leiharbeitsfirma auftreten, wenn eine Erlaubnis zur gewerblichen Arbeitnehmerüberlassung durch die Bundesagentur für Arbeit erteilt wurde[10]. Im Folgenden werden nun die die Rollen der drei Parteien genauer betrachtet.

Der Verleiher schließt mit dem Arbeitnehmer einen in der Regel unbefristeten Arbeitsvertrag und übernimmt somit sämtliche Arbeitgeberpflichten, sowie auch

---

[6] Vgl. Weber, Wolfgang; Mayrhofer, Wolfgang; Nienhüser, Werner; Kabst, Rüdiger: Lexikon Personalwirtschaft, 2., aktualisierte und komplett überarbeitete Auflage, Stuttgart 2005, S. 247
[7] Vgl. Weber, Wolfgang; Mayrhofer, Wolfgang; Nienhüser, Werner; Kabst, Rüdiger: Lexikon Personalwirtschaft, 2., aktualisierte und komplett überarbeitete Auflage, Stuttgart 2005, S. 247
[8] Oschmiansky, Frank; Kühl, Jürgen: Leiharbeit / Zeitarbeit / Arbeitnehmerüberlassung. Online im Internet: http://www.bpb.de/politik/innenpolitik/arbeitsmarktpolitik/55357/leiharbeit-zeitarbeit?p=all
[9] Hansen, Peter; Kanstiger, Wolfram: Zeitarbeit von A – Z: Fachbegriffe, Zusammenhänge, Checklisten, 1. Auflage, München 2001, S. 5
[10] Vgl. AÜG, Ausfertigungsdatum: 07.08.1972, Stand: Neugefasst durch Bek. V. 3.2.1995 | 158; zuletzt geändert durch Art. 26 G v. 20.12.2011| 2854. Online im Internet: http://www.gesetze-im-internet.de/bundesrecht/a_g/gesamt.pdf, §1 Erlaubnispflicht

die Risiken. Dazu zählt beispielsweise die Zahlung des Entgelts, einschließlich der Lohnfortzahlung im Krankheitsfall oder die Gewährung von Urlaub.[11] Ebenso werden auch die Sozialabgaben durch den Verleiher abgeführt.[12] Das besondere unternehmerische Risiko der Leiharbeitsfirma besteht in der Pflicht der Lohnfortzahlung, „auch wenn vorübergehend keine Einsatzmöglichkeit besteht."[13] Diese Situation ist in der Praxis jedoch oft problembehaftet und wird im Kapitel 5.2 „Risiken des Arbeitnehmers" noch genauer beschrieben. Eine Besonderheit des Arbeitsvertrags ist, dass der Arbeitnehmer nicht der Leiharbeitsfirma gegenüber zur Leistungserbringung verpflichtet ist, sondern wechselnden entleihenden Unternehmen.[14] Das Direktionsrecht behält hierbei jedoch der Verleiher.

Die Leiharbeitsfirma schließt dann mit einem anderen Unternehmen (Entleiher) einen Arbeitnehmerüberlassungsvertrag. Dieser Vertrag beinhaltet die Anzahl, den Zeitraum und die benötigten Qualifikationen der Zeitarbeitnehmer, sowie die Höhe der Vergütung des Verleihers. Im Anschluss stellt der Verleiher die entsprechenden Leiharbeitnehmer unter Übertragung des Weisungsrechts an den Entleiher zur Verfügung.[15] Hierbei hat der Verleiher „entsprechend dem Anforderungsprofil des Kunden den passenden Zeitarbeitnehmer zu disponieren."[16] Der Entleiher zahlt hierfür die entsprechende Vergütung an den Verleiher.

Es kommt zwischen dem Entleiher und dem Leiharbeiter kein gesonderter Vertrag mehr zustande, jedoch hat der Entleiher das Weisungsrecht und der Arbeitnehmer schuldet dem Entleiher gemäß dem Arbeitsvertrag mit dem Verleiher die eigene Arbeitsleistung.[17]

---

[11] Vgl. Nicolai, Christiana: Personalmanagement, Stuttgart 2006, S. 50
[12] Vgl. Schröder, Edgar: Zeitarbeit – Chancen und Risiken für Zeitarbeitnehmer und Kundenunternehmen, 3. Auflage, Berlin 2009, S. 112
[13] Hansen, Peter; Kanstiger, Wolfram: Zeitarbeit von A – Z: Fachbegriffe, Zusammenhänge, Checklisten, 1. Auflage, München 2001, S. 5
[14] Vgl. Nicolai, Christiana: Personalmanagement, Stuttgart 2006, S. 50
[15] Vgl. Nicolai, Christiana: Personalmanagement, Stuttgart 2006, S. 50
[16] Schröder, Edgar: Zeitarbeit – Chancen und Risiken für Zeitarbeitnehmer und Kundenunternehmen, 3. Auflage, Berlin 2009, S. 98
[17] Vgl. Nicolai, Christiana: Personalmanagement, Stuttgart 2006, S. 50

4. Personalleasing aus der Sicht des Arbeitgebers

4.1 Vorteile des Arbeitgebers

Das Personalleasing hat für Arbeitgeber (Entleiher) besondere Vorteile gegenüber der Beschäftigung regulärer Arbeitskräfte.

Die Wirtschaftlichkeit eines Unternehmens lässt sich durch die Inanspruchnahme von Zeitarbeitern erhöhen, indem der Personalbestand dem aktuellen Personalbedarf flexibel angepasst werden kann, „ohne die mit der Einstellung von neuen Arbeitnehmern verbundenen Kosten tragen zu müssen."[18] Auch entfallen dadurch die Konsequenzen für den Arbeitgeber, die durch eigene Arbeitnehmer entstehen würden, wie z.B. die Lohnfortzahlung im Krankheitsfall, die Gewährung des bezahlten Urlaubs, oder die Bindung an Kündigungsfristen.[19] „Ermöglicht wird dadurch z.B. der Ausgleich eines kurzfristigen erhöhten Personalbedarfs bei saisonal bedingten Auftragsspitzen oder bei unerwartet hohen Fehlzeiten des Stammpersonals"[20], die Beispielsweise durch Krankheit, Mutterschutz, Urlaub oder Weiterbildung entstehen können. Besonderer Vorteil der Zeitarbeit ist die kurzfristige Verfügbarkeit von Arbeitskräften bei unvorhergesehenen Ausfällen.[21]

Auch bietet die Kostentransparenz der Zeitarbeit einen enormen Vorteil. „Personalkosten können aufwands- oder projektbezogen konkretisiert werden".[22] Es entstehen tatsächlich nur die Kosten für die Arbeitszeit, welche anhand des Stunden-Verrechnungssatzes klar beziffert und in der Planung berücksichtigt werden können. Es entstehen keine weiteren Kosten im Rahmen der Personalführung als „die Unterschrift unter den wöchentlichen Stundennachweis und die Bearbeitung der daraus resultierenden Rechnung

---

[18] Weber, Wolfgang; Mayrhofer, Wolfgang; Nienhüser, Werner; Kabst, Rüdiger: Lexikon Personalwirtschaft, 2., aktualisierte und komplett überarbeitete Auflage, Stuttgart 2005, S. 248

[19] Vgl. Schwantes, Klaus: Das professionelle 1x1 – Zeitarbeit, 2., aktualisierte Auflage, Berlin 2003, S. 79 – 80

[20] Büdenbender, Ulrich; Strutz, Hans: Gabler Lexikon Personal – Personalwirtschaft, Personalmanagement, Arbeits- und Sozialrecht, Wiesbaden 1996, S. 18

[21] Vgl. Vgl. Schwantes, Klaus: Das professionelle 1x1 – Zeitarbeit, 2., aktualisierte Auflage, Berlin 2003, S. 80

[22] Schröder, Edgar: Zeitarbeit – Chancen und Risiken für Zeitarbeitnehmer und Kundenunternehmen, 3. Auflage, Berlin 2009, S. 87

des Zeitarbeitsunternehmens"[23]. Die regulären weiteren Arbeiten, wie das Führen einer Personalakte oder die Lohnbuchhaltung[24], in der Personalabteilung des Entleihers entfallen.

Weiterhin stellt das Personalleasing eine Hilfe bei der Rekrutierung neuer Mitarbeiter dar. Soll ein Arbeitsplatz neu besetzt werden oder eine neue Planstelle geschaffen werden, so hat der Entleiher die Möglichkeit, einen oder mehrere potentielle neue Mitarbeiter vorab zu testen, ohne selber das Arbeitgeberrisiko einzugehen.[25] Dadurch lassen sich die „Kosten für die Suche, Auswahl und Einstellung von dringend benötigtem Personal"[26] einsparen. Werden Zeitarbeitnehmer im Anschluss an ihren Einsatz oder bereits während ihres Einsatzes vom entleihenden Betrieb (unbefristet) übernommen bzw. von der Zeitarbeitsfirma abgeworben, spricht man vom sogenannten „Klebeeffekt".[27] Einschränkend muss hier jedoch erwähnt werden, dass die Zeitarbeitsfirmen wenig Interesse daran haben, ihre besten Mitarbeiter zu verlieren und so kann es vorkommen, dass das übernehmende Unternehmen „eine Vermittlungsgebühr an das Zeitarbeitsunternehmen bezahlen muss, wenn dies in den Allgemeinen Geschäftsbedingungen so vereinbart ist und der Verleiher auch eine Erlaubnis zur Personalvermittlung [...] besitzt."[28] Diese mögliche Vermittlungsgebühr ist dennoch in der Regel kostengünstiger als der mit der eigenen Suche nach Mitarbeitern verbundenen Zeit- und Kostenaufwand.[29]

4.2. Risiken des Arbeitgebers

Den unbestreitbaren Vorteilen des Personalleasings stehen aus der Sicht des Arbeitgebers jedoch auch Risiken und Nachteile gegenüber.

---

[23] Schwantes, Klaus: Das professionelle 1x1 – Zeitarbeit, 2., aktualisierte Auflage, Berlin 2003, S. 81
[24] Vgl. Schwantes, Klaus: Das professionelle 1x1 – Zeitarbeit, 2., aktualisierte Auflage, Berlin 2003, S. 81
[25] Vgl. Schwantes, Klaus: Das professionelle 1x1 – Zeitarbeit, 2., aktualisierte Auflage, Berlin 2003, S. 79
[26] Schröder, Edgar: Zeitarbeit – Chancen und Risiken für Zeitarbeitnehmer und Kundenunternehmen, 3. Auflage, Berlin 2009, S. 87
[27] Vgl. O.V.: Gabler Wirtschaftslexikon A-Be, 17., komplett aktualisierte und erweiterte Auflage, Wiesbaden 2010, S. 159
[28] Schwantes, Klaus: Das professionelle 1x1 – Zeitarbeit, 2., aktualisierte Auflage, Berlin 2003, S. 94
[29] Vgl. Schwantes, Klaus: Das professionelle 1x1 – Zeitarbeit, 2., aktualisierte Auflage, Berlin 2003, S. 81

6

Ein Risiko, das nicht unterschätzt werden sollte, ist die möglicherweise schlechte Motivation des Zeitarbeitnehmers. Dies resultiert aus der schlechteren Entlohnung, eher kurzfristigen Einsätzen und geringen Aufstiegschancen.[30] Besonders die im Vergleich zu den Festangestellten Arbeitnehmern des Entleihers niedrigere Bezahlung der Leiharbeitnehmer führt zu Unzufriedenheit.[31] Es kommt durchaus vor, dass Leiharbeitnehmer kurz nach ihrer Einweisung und Einarbeitung im Kundenbetrieb der Arbeit fern bleiben und auch nicht wieder erscheinen. Dies stört natürlich Leistungserstellungsprozesse und schädigt das Betriebsklima.[32]

Ein weiteres Risiko, das der Entleiher kennen muss, ist das Risiko der sogenannten Subsidiärhaftung für Sozialversicherungsbeiträge. Wie bereits im Kapitel 3 „Funktionsweise des Personalleasings" erwähnt, führt der Verleiher die gesamten Sozialversicherungsbeiträge der Zeitarbeitnehmer ab. Kommt dieser seiner Verpflichtung jedoch nicht nach, so haftet der Entleiher gemäß dem Sozialgesetzbuch für die im Zeitraum der Überlassung entstandenen Ansprüche.[33] Durch die Vorlage einer Bescheinigung der Krankenkassen über die abgeführten Beiträge oder der Aushändigung einer Bankbürgschaft durch den Verleiher können sich Entleiher gegen die Subsidiärhaftung absichern.[34]

Weitere Situationen, bei denen sich ein Entleiher strafbar machen kann, sind zum einen die Beschäftigung von ausländischen Leiharbeitern ohne Arbeitserlaubnis[35] und zum anderen die Entleihung von Leiharbeitern von einem Leiharbeitsunternehmen mit fehlender Erlaubnis zur gewerblichen Arbeitnehmerüberlassung.[36] Gegen diese Risiken kann sich der Entleiher

---

[30] Vgl. Oschmiansky, Frank; Kühl, Jürgen: Leiharbeit / Zeitarbeit / Arbeitnehmerüberlassung. Online im Internet: http://www.bpb.de/politik/innenpolitik/arbeitsmarktpolitik/55357/leiharbeit-zeitarbeit?p=all

[31] Vgl. Schröder, Gerhard: Fleißig, billig, schutzlos – Leiharbeiter in Deutschland, Köln 2009, S. 86 ff.

[32] Vgl. Schröder, Edgar: Zeitarbeit – Chancen und Risiken für Zeitarbeitnehmer und Kundenunternehmen, 3. Auflage, Berlin 2009, S. 90

[33] Vgl. Schröder, Edgar: Zeitarbeit – Chancen und Risiken für Zeitarbeitnehmer und Kundenunternehmen, 3. Auflage, Berlin 2009, S. 112

[34] Vgl. Schröder, Edgar: Zeitarbeit – Chancen und Risiken für Zeitarbeitnehmer und Kundenunternehmen, 3. Auflage, Berlin 2009, S. 113

[35] Vgl. Schröder, Edgar: Zeitarbeit – Chancen und Risiken für Zeitarbeitnehmer und Kundenunternehmen, 3. Auflage, Berlin 2009, S. 44

[36] Vgl. Schwantes, Klaus: Das professionelle 1x1 – Zeitarbeit, 2., aktualisierte Auflage, Berlin 2003, S. 83

jedoch relativ leicht absichern, indem er sich vom Verleiher die entsprechenden Genehmigungen vorlegen lässt.

5. Personalleasing aus der Sicht des Arbeitnehmers

5.1. Vorteile des Arbeitnehmers

Für viele Menschen dient das Personalleasing einem Neu- bzw. Wiedereinstieg in die Arbeitswelt. „Zeitarbeit stellt eine Beschäftigungsperspektive für Arbeitslose, von Arbeitslosigkeit bedrohte Arbeitnehmer, Berufseinsteiger oder Berufsrückkehrer dar. Knapp zwei Drittel der neu abgeschlossenen Zeitarbeitsverhältnisse im ersten Halbjahr 2011 wurden mit Personen geschlossen, die direkt zuvor keine Beschäftigung ausübten bzw. noch nie beschäftigt waren [...]."[37] Da das Qualifikations- und Anforderungsniveau in der Mehrzahl der Tätigkeiten relativ niedrig ist,[38] betrifft dies häufig Personen ohne abgeschlossene Berufsausbildung.

Da jedoch „vor dem Hintergrund der Imageverbesserung der Zeitarbeitsbranche immer mehr Hochschul- und Fachhochschulabsolventen den Weg in die Zeitarbeit"[39] finden, wird das Personalleasing zunehmend auch genutzt, um sich selbst in Bezug auf das eigene Potential zu orientieren, sowie verschiedene Tätigkeiten und Branchen kennen zu lernen.[40] Wie auch der Arbeitgeber, hat so der Arbeitnehmer die Möglichkeit, sich verschiedene Unternehmen anzusehen, ohne das Risiko der Bindung an das jeweilige Unternehmen übernehmen zu müssen.

---

[37] Bundesagentur für Arbeit: Arbeitsmarktberichterstattung: Der Arbeitsmarkt in Deutschland, Zeitarbeit in Deutschland – Aktuelle Entwicklungen, Nürnberg 2012, S. 17

[38] Vgl. o.V.: Gabler Wirtschaftslexikon A-Be, 17., komplett aktualisierte und erweiterte Auflage, Wiesbaden 2010, S. 159

[39] Schröder, Edgar: Zeitarbeit – Chancen und Risiken für Zeitarbeitnehmer und Kundenunternehmen, 3. Auflage, Berlin 2009, S. 54

[40] Vgl. Schröder, Edgar: Zeitarbeit – Chancen und Risiken für Zeitarbeitnehmer und Kundenunternehmen, 3. Auflage, Berlin 2009, S. 50

Dies führt zu einer weiteren Chance, die viele Zeitarbeitnehmer „bewusst oder unbewusst"[41] wittern: der in Kapitel 4.1 „Vorteile des Arbeitgebers" bereits beschriebene Klebeeffekt. Es ist zwar umstritten, wie viele Leiharbeitnehmer tatsächlich von den Entleihern übernommen werden, manche Quellen sprechen von „ca. 20 bis 30 Prozent [...] bis zu 70 Prozent"[42], andere nennen „nur 12 bis 15%"[43], jedoch prägen sich Schlagzeilen wie „BMW übernimmt Tausend Leiharbeiter"[44] ins Bewusstsein der Hoffnungsvollen ein. Auch das Beispiel der Augsburger Allgemeinen Zeitung, die im Jahre 2009 sämtliche Leiharbeiter wieder in feste Verhältnisse übernahm[45], zeigt, dass die Hoffnung nicht unbedingt vergebens ist. Abschließend dazu muss allerdings erwähnt werden, dass „lediglich im Bereich qualifizierter Tätigkeiten"[46] der Klebeeffekt eine nennenswerte Rolle spielt.

5.2 Risiken des Arbeitnehmers

Wie auch bereits bei den Arbeitgebern, stehen auch den Vorteilen der Arbeitnehmer Risiken gegenüber. Obwohl im Grundsatz die Zeitarbeitnehmer die gleichen Risiken zu tragen haben wie alle anderen Arbeitnehmer auch,[47] zeigt die Praxis doch, dass es durchaus weitere Risiken gibt, die es zu beachten gilt.

Zum einen besteht in der Zeitarbeit ein höheres Entlassungsrisiko als in regulären Beschäftigungsverhältnissen. „Zeitarbeit ist eine flexible Beschäftigungsform, die eine höhere Fluktuation als andere Branchen aufweist. Dementsprechend birgt sie für Arbeitnehmer ein höheres individuelles Risiko

[41] o.V.: Zeitarbeit – Auf den Klebeeffekt kommt es an. Online im Internet: http://www.focus.de/finanzen/karriere/perspektiven/zeitarbeit/tid-8442/zeitarbeit_aid_231952.html
[42] Schröder, Edgar: Zeitarbeit – Chancen und Risiken für Zeitarbeitnehmer und Kundenunternehmen, 3. Auflage, Berlin 2009, S. 55
[43] Oschmiansky, Frank; Kühl, Jürgen: Leiharbeit / Zeitarbeit / Arbeitnehmerüberlassung. Online im Internet: http://www.bpb.de/politik/innenpolitik/arbeitsmarktpolitik/55357/leiharbeit-zeitarbeit?p=all
[44] Reuters: BMW übernimmt Tausend Leiharbeiter. In: Financial Times Deutschland, Hamburg 02.07.2012, S. 5
[45] Vgl. Schröder, Gerhard: Fleißig, billig, schutzlos – Leiharbeiter in Deutschland, Köln 2009, S. 209
[46] Oschmiansky, Frank; Kühl, Jürgen: Leiharbeit / Zeitarbeit / Arbeitnehmerüberlassung. Online im Internet: http://www.bpb.de/politik/innenpolitik/arbeitsmarktpolitik/55357/leiharbeit-zeitarbeit?p=all
[47] Vgl. Schwantes, Klaus: Das professionelle 1x1 – Zeitarbeit, 2., aktualisierte Auflage, Berlin 2003, S. 96

eines Arbeitsplatzverlustes."[48] Ein Großteil der Arbeitsverhältnisse zwischen dem Leiharbeitnehmer und der Leiharbeitsfirma „wurde nach 1 Woche bis unter 3 Monate beendet."[49] Obwohl die Masse der Arbeitsverträge unbefristet geschlossen werden, kann es sich eine Zeitarbeitsfirma nicht dauerhaft leisten, die Mitarbeiter ohne eine Einsatzmöglichkeit weiter zu beschäftigen. Entgegen der Tatsache, dass der gesetzliche Kündigungsschutz auch für Mitarbeiter einer Zeitarbeitsfirma gilt, fällt es Unternehmen doch leicht, Mitarbeiter während der Probezeit zu entlassen.

Zum anderen kommt es in der Zeitarbeitsbranche vor, dass der Versuch unternommen wird, das in Kapitel 3: „Funktionsweise des Personalleasings" bereits erwähnte unternehmerische Risiko der Zeitarbeitsfirma an den Zeitarbeitnehmer weiter zu geben. „Unseriöse Anbieter drängen die Mitarbeiter zur Urlaubsnahme bzw. zum Abbau von Überstunden"[50] in „Zeiten des Nichteinsatzes"[51], um so der eigentlich vertraglich geregelten Lohnfortzahlung bei Nichtbeschäftigung zu umgehen. Oftmals werden die zuvor angesammelten Überstunden ohne das Wissen der Mitarbeiter vom Zeitkonto während einer Nichtbeschäftigung abgezogen.[52] Ein klarer Verstoß gegen das grundlegende Prinzip der Zeitarbeit, der auch durch verschiedene Gerichtsurteile bestätigt wurde.[53] Leiharbeitnehmer sollten daher genauer auf ihr Zeitkonto achten, als es Festangestellte in der Regel tun müssten.

Ein weiteres gravierendes Risiko, das beim Personalleasing für die Arbeitnehmer besteht, ist das sogenannte Lohndumping, welches in der Praxis angewandt wird. Dabei werden von Unternehmen eigene Zeitarbeitsfirmen gegründet, mit dem Ziel, Arbeitskräfte dorthin auszulagern, um bisherige tarifliche Regelungen umgehen zu können und dadurch die Personalkosten zu

[48] Bundesagentur für Arbeit: Arbeitsmarktberichterstattung: Der Arbeitsmarkt in Deutschland, Zeitarbeit in Deutschland – Aktuelle Entwicklungen, Nürnberg 2012, S. 19
[49] Bundesagentur für Arbeit: Arbeitsmarktberichterstattung: Der Arbeitsmarkt in Deutschland, Zeitarbeit in Deutschland – Aktuelle Entwicklungen, Nürnberg 2012, S. 17
[50] Hansen, Peter; Kanstiger, Wolfram: Zeitarbeit von A – Z: Fachbegriffe, Zusammenhänge, Checklisten, 1. Auflage, München 2001, S. 40
[51] Schwantes, Klaus: Das professionelle 1x1 – Zeitarbeit, 2., aktualisierte Auflage, Berlin 2003, S. 97
[52] Vgl. Schröder, Gerhard: Fleißig, billig, schutzlos – Leiharbeiter in Deutschland, Köln 2009, S. 138 ff.
[53] Vgl. Schröder, Gerhard: Fleißig, billig, schutzlos – Leiharbeiter in Deutschland, Köln 2009, S. 137

senken.[54] Obwohl das Arbeitnehmerüberlassungsgesetz die gleiche Bezahlung und Behandlung von Stammbelegschaft und Zeitarbeitern vorsieht, kann dies durch einen Tarifvertrag umgangen werden.[55] So kommt es, dass viele Unternehmen von dieser Möglichkeit Gebrauch machen, wie das folgende Beispiel zeigen soll: „[...] Deutsche Bahn [...] ist gerade dabei, tausende Lokführer in der hauseigenen Zeitarbeitstochter unterzubringen."[56] Bei einem mittlerweile insolventen Drogeriekonzern hat der Gesetzgeber den Versuch zwar unterbunden, Mitarbeiter zu entlassen und in einer hauseigenen Zeitarbeitsfirma wieder einzustellen, um so den Einzelhandelstarif auszuhebeln, jedoch erlaubt ein aktuelles Gerichtsurteil einer Fluglinie, Flugbegleiterinnen einer konzerneigenen Zeitarbeitsgesellschaft auf Leihbasis einzustellen.[57] Durch diese Praxis geraten Menschen in die Situation, bei gleicher Arbeit, an derselben Arbeitsstätte plötzlich doch weniger Gehalt zu bekommen, was sich wieder auf die Motivation des Zeitarbeitnehmers auswirken dürfte und dadurch zum Risiko für den Arbeitgeber werden könnte.

6. Zusammenfassung

Ziel dieser Arbeit war es, das Personalleasing einführend zu erläutern und die Chancen und Risiken des Arbeitgebers sowie des Arbeitnehmers punktuell zu betrachten. Eine umfassendere Betrachtung ist aufgrund des Umfangs dieser Arbeit nicht möglich und kann an anderer Stelle noch weiter vertieft werden. Generell gilt auch beim Personalleasing frei nach Goethe: „wo Licht ist, ist auch Schatten". Den Vorteilen und Chancen des Personalleasings stehen den Arbeitgebern und Arbeitnehmern auch Risiken gegenüber. Obwohl einige wenige Risiken strukturell bedingt sind, lassen sich die Masse der Risiken durch eine umfassende Aufarbeitung der vorhanden Informationen im Vorfeld einer Geschäftsverbindung zu einem Zeitarbeitsunternehmen und die darauffolgende

---

[54] Vgl. Schröder, Gerhard: Fleißig, billig, schutzlos – Leiharbeiter in Deutschland, Köln 2009, S. 191
[55] Vgl. Astheimer, Sven: Gerechtigkeit, Geld und Zeitarbeit. In: Frankfurter Allgemeine Zeitung, Nr. 41, Frankfurt am Main 17.02.2012, S. 20
[56] Schröder, Gerhard: Fleißig, billig, schutzlos – Leiharbeiter in Deutschland, Köln 2009, S. 115
[57] Vgl. Astheimer, Sven: Gerechtigkeit, Geld und Zeitarbeit. In: Frankfurter Allgemeine Zeitung, Nr. 41, Frankfurt am Main 17.02.2012, S. 20

Wahl einer seriösen Zeitarbeitsfirma umgehen. Auch sind im Buchhandel diverse Checklisten erhältlich, die potentiellen Zeitarbeitskunden und Arbeitnehmer deutlich aufzeigen, auf was sie bei der Wahl des Personalleasingunternehmens besonders achten sollten. Sicher wird beim Personalleasing jeweils die vorhandene Konstellation von Verleiher, Entleiher und Arbeitnehmer entscheidend sein, welche Vorteile und Risiken überwiegen und zum Tragen kommen.

Literaturverzeichnis

Büdenbender, Ulrich; Strutz, Hans	Gabler Lexikon Personal – Personalwirtschaft – Personalmanagement, Arbeits- und Sozialrecht, Wiesbaden 1996
Bundesagentur für Arbeit	Arbeitsmarktberichterstattung: Der Arbeitsmarkt in Deutschland, Zeitarbeit in Deutschland – Aktuelle Entwicklungen, Nürnberg 2012
Hansen, Peter; Kanstinger, Wolfram	Zeitarbeit von A – Z: Fachbegriffe, Zusammenhänge, Checklisten, 1. Auflage, München 2001
Nicolai, Christiana	Personalmanagement, Stuttgart 2006
o.V.	Gabler Wirtschaftslexikon A-Be, 17., komplett aktualisierte und erweiterte Auflage, Wiesbaden 2010
Schröder, Edgar	Zeitarbeit – Chancen und Risiken für Zeitarbeitnehmer und Kundenunternehmen, 3. Auflage, Berlin 2009
Schröder, Gerhard	Fleißig, billig, schutzlos – Leiharbeiter in Deutschland, Köln 2009
Schwantes, Klaus	Das professionelle 1x1 – Zeitarbeit, 2., aktualisierte Auflage, Berlin 2003
Weber, Wolfgang; Mayerhofer, Wolfgang; Nienhüser, Werner; Kabst, Rüdiger	Lexikon Personalwirtschaft, 2., aktualisierte und komplett überarbeitete Auflage, Stuttgart 2005

Sonstige Quellen

Astheimer, Sven — Gerechtigkeit, Geld und Zeitarbeit. In: Frankfurter Allgemeine Zeitung, Nr. 41, Frankfurt am Main 17.02.2012, S.20

AÜG — Ausfertigungsdatum: 07.08.1972, Stand: Neugefasst durch Bek. V. 3.2.1995 | 158; zuletzt geändert durch Art. 26 G v. 20.12.2011| 2854. Online im Internet: http://www.gesetze-im-internet.de/bundesrecht/a_g/gesamt.pdf, Abrufdatum: 11.07.2012, Ausdruckdatum: 11.07.2012

Oschmiansky, Frank; Kühl, Jürgen — Leiharbeit / Zeitarbeit / Arbeitnehmerüberlassung. Online im Internet: http://www.bpb.de/politik/innenpolitik/arbeitsmarktpolitik/55357/leiharbeit-zeitarbeit?p=all, Abrufdatum: 25.06.2012, Ausdruckdatum: 26.06.2012

o.V. — Zeitarbeit – Auf den Klebeeffekt kommt es an. Online im Internet: http://www.focus.de/finanzen/karriere/perspektiven/zeitarbeit/tid-8442/zeitarbeit_aid_231952.html, Abrufdatum: 12.07.2012, Ausdruckdatum: 12.07.2012

Reuters — BMW übernimmt Tausende Leiharbeiter. In: Financial Times Deutschland, Hamburg 02.07.2012, S. 5